À l'interpellation républicaine, citoyen !

Jean Pierre Motte

"Les Français sont des veaux"

D'après son fils l'amiral Philippe de Gaulle (1), le général Charles de Gaulle aurait souvent employé cette expression quand il voyait les Français ne pas réagir ou se considérer comme battus avant même d'avoir engagé le fer.

Au 21ème siècle, comment l'ancien général jugerait-il les comportements d'élus de la nation, de hauts fonctionnaires et de chefs de service public responsables d'un endettement public annuel dépassant 100 milliards d'euros et d'une gestion des affaires nationales fragilisant le financement du modèle social et augmentant les risques d'une faillite publique :

• Condamnerait-il la démission nationale des hauts fonctionnaires et des cadres de l'état refusant de mettre fin à la dégradation continue de performance économique d'une fonction publique de moins en moins au service de la population ?

• Conseillerait-il aux salariés d'engager le fer électoral contre les futurs élus de la nation, présidents de collectivité territoriale, sénateurs, président de la république, députés, pour les convaincre de restructurer les services publics et d'assurer les prestations techniques essentielles aux administrés à moindre cout pour la nation ?

Responsabilité économique et devoirs civiques du cadre dans une république surendettée

Ancien ingénieur dans un groupe industriel international, l'auteur a dénoncé l'incompétence économique et l'irresponsabilité politique des professeurs à l'ENA enseignant les pratiques de déficit budgétaire à hauteur de l'inflation et le financement des politiques sociales et des dépenses de personnel de la fonction publique par le surendettement public sans alerter les futurs dirigeants de l'état sur la perte de compétitivité nationale résultante dans une économie de marché après le passage à l'euro.

Il a décrit les pratiques managériales de création de valeur des grandes entreprises du secteur marchand à l'attention des cadres de l'état pour améliorer la performance économique publique et la contribution des fonctionnaires à la compétitivité nationale dans six livrets publiés chez Books on Demand (www.bod.fr) :

À l'action, cadres dirigeants de la république !   Juin 2018

À l'action, parents !   Octobre 2018

À l'action, cadres !   Novembre 2018

À l'action, cadres de l'état !   Janvier 2019

À l'action républicaine, citoyens !   Mars 2019

À l'action républicaine, fonctionnaires !   Octobre 2019

Il a témoigné au grand débat national et exhorté le chef de l'état, les élus de la nation, les ministres, les hauts fonctionnaires et les élus des territoires à mettre fin à la perte continue d'efficacité des fonctions publiques en alignant les devoirs professionnels et droits sociaux des agents de l'état sur ceux des salariés.

Il souhaite informer objectivement et simplement les citoyens et les électeurs sur les politiques de surendettement public et régression économique à corriger et a résumé en trois chapitres les connaissances essentielles sur les pratiques républicaines de progrès continu des cadres pour développer l'économie, financer les politiques sociales et désendetter la république :

- Avis de lecteur sur les dérives de gestion des affaires nationales

- Interpellation des élus de la nation et des candidats à un mandat électoral

- Réquisition de l'encadrement public dans la guerre nationale à mener contre la récession économique

CHAPITRE I
Avis de lecteur sur les dérives
de gestion des affaires nationales

Commentaires sur l'appel aux citoyens 6 mars 2019

…… un livret intéressant concernant la volonté de redresser notre pauvre pays ! Je craignais d'y retrouver une multitude de chiffres indigestes. Mais non, il se lit facilement. Il est vrai qu'il est censé faire réfléchir le plus simple citoyen. Tout ce qui est dit et développé est plein de bon sens et de logique, surtout pour ceux ayant assez de recul pour constater le perpétuel glissement de notre économie. J'admire le gout du combat malgré tout, beaucoup plus constructif, il est vrai que l'amertume et le dégout que j'ai de nos classes dirigeantes successives.

S'attaquer à la dépense publique est primordial, mais nous savons bien que tout élu s'accroche à ses privilèges quand il ne va pas jusqu'à taper dans la caisse !

Réduire le nombre des fonctionnaires pour développer les PME serait absolument salutaire, mais là aussi, c'est s'attaquer au "maire ou plus" qui en aura le courage ?

Doper la compétitivité ne pourrait qu'améliorer notre économie, mais nous savons bien que les charges sociales et les taxes sur les entreprises nous créent une main d'œuvre dont la cherté grève justement la compétitivité ! L'économie mondiale se réfugiant et se délocalisant dans les pays à la main d'œuvre bon marché pour récolter un maximum de bénéfice à la revente. l'Asie, puis l'Afrique………

Réinstaurer le service militaire serait plus qu'urgent pour apprendre la discipline aux jeunes générations, mais sans doute un peu tard, et sur un mois comme en parlent nos dirigeants est à la fois largement insuffisant et trop coûteux. Dans la mesure ou il n'y a pratiquement plus de parents qui veulent éduquer (on parle sans rire de créer des écoles de Parents!) ….

Demander à nos responsables de dire la vérité au peuple et comme l'honnêteté le demande, ce serait couper la branche sur laquelle ils sont assis ! La démagogie est reine et le pire, c'est que ça a toujours marché ! En campagne électorale "on promet", on dit qu'on va faire ce qu'il faudra pour que ça change, et après, rien ne se passe ! Les gens s'en rendent de plus en plus compte, ils sont dupés ! et chaque fois ça recommence ! alors les vieux comme moi ne peuvent plus y croire.. après avoir même voté pour l'opposition, ça n'a rien changé non plus !.......

Accusé de réception de la Présidence de la République
11 avril 2019

Le Chef de Cabinet
du Président de la République

Monsieur Jean-Pierre MOTTE

Paris, le 1 1 AVR. 2019

Monsieur,

A l'heure où notre pays traverse de nombreux défis, vous avez souhaité adresser au Président de la République un courrier dont il a bien été pris connaissance, accompagné d'un exemplaire de votre ouvrage intitulé « *A l'action républicaine, citoyens !* ».

Attentif à votre message et à l'envoi de cet essai, et parce que chaque contribution est utile, il m'a confié le soin de vous en remercier.

Je vous prie d'agréer, Monsieur, l'expression de mes sentiments les meilleurs.

François-Xavier LAUCH

Référence à rappeler
PDR/CP/BEAR/B048811

9

Accusé de réception du député de l'Yonne
23 août 2019

RÉPUBLIQUE FRANÇAISE
ASSEMBLÉE NATIONALE

GUILLAUME LARRIVÉ

Député de l'Yonne

Monsieur Jean-Pierre MOTTE

Auxerre, le 23 août 2019

Cher Monsieur,

C'est avec la plus grande attention que j'ai pris connaissance de la récente lettre que vous avez adressée aux refondateurs et sympathisants du mouvement Les Républicains, de même que de votre livret/Ebook « A l'action républicaine, citoyens ! ».

Je partage tout à fait vos préoccupations en ce qui concerne l'endettement de notre pays et sur la nécessité de mettre un terme le plus rapidement possible à nos déficits.

Vous trouverez sous ce pli, à titre d'information, une copie de la tribune que j'ai publiée dans le journal « Les Echos » du 20 juin 2019 à ce sujet.

Vous en souhaitant une bonne réception, je vous prie de croire, Cher Monsieur, à l'assurance de mes sentiments les meilleurs.

Commentaires sur l'appel aux fonctionnaires
21 novembre 2019

. Dire la vérité aux fonctionnaires et leur imposer des efforts !.... ce n'est pas pour demain ! Le résultat aux urnes en pâtirait !...... En son temps, un ministre de l'éducation nationale, pourtant socialiste, voulait " dégraisser le mammouth" !! On attend encore...
"Obliger les hauts fonctionnaires à améliorer la performance économique de la fonction publique pour financer les politiques sociales", c'est un vœu pieux qui ne comblera pas la demande exponentielle du social ! Il ne suffit pas de se faire entendre. Encore faut-il être écouté par des gens de bonne volonté qui ne souhaitent que le bien de leur pays et de son peuple !! On en est loin et cela depuis plusieurs dizaines d'années !...... Il y a certainement beaucoup de gens sensés qui partagent les idées de l'auteur mais elles sont inapplicables dans le plan ! donc illusoires ! Et si le peuple va un peu trop loin dans sa révolte, on l'arrose de quelques millions, on creuse la dette ! On ne parle même plus des 3%du PIB à ne pas dépasser ! Faillite des banques ? On nous l'annonce déjà. On y va tout droit. Le pays sera enfin sous perfusion du FMI ou des banques centrales ! Tout comme la Grèce ?.....

Commentaires sur l'appel aux fonctionnaires
24 novembre 2019

.... Ma petite expérience de fonctionnaire m'a surtout appris les dérives des réajustements préconisés par le réformisme politique. Pour diminuer des sureffectifs fantasmés (*au lieu d'y regarder de plus près : maintien injustifié là, équipes démesurément débordées ailleurs*) on a taillé *à l'aveugle* pour aboutir aux sous-effectifs dangereux du Secteur Hospitalier ou de l'Equipement à la SNCF...
Ce que j'ai connu à l'Education Nationale, c'est la hâte stupide avec laquelle on applique des réformes sans attendre la fin ni, surtout les conclusions, de l'expérimentation si subtile, en cours. Quant au Secteur marchand, il ne me parait pas être un modèle d'équité. Je ne le connais pas du tout, sinon par les échos de la presse sur le *burn out* des privilégiés de l'emploi, en lutte constante pour le garder ou conserver leur statut. Ou sur le scandale des retraites dorées des dirigeants de très grandes entreprises alors même que certains n'ont pas été performants.......

Avis républicains sur la correction des dérives publiques

"S'attaquer à la dépense publique est primordial, mais nous savons bien que tout élu s'accroche à ses privilèges quand il ne va pas jusqu'à taper dans la caisse !
Réduire le nombre des fonctionnaires pour développer les PME serait absolument salutaire, mais là aussi, c'est s'attaquer au "maire ou plus" qui en aura le courage ?"
"Dire la vérité aux fonctionnaires et leur imposer des efforts !.... ce n'est pas pour demain ! Le résultat aux urnes en pâtirait !... En son temps, un ministre de l'éducation nationale, pourtant socialiste, voulait dégraisser le mammouth ! On attend encore"

Les Français ne supportent pas les méfaits sociaux des "élites nationales", parlementaires, ministres et hauts fonctionnaires dégradant la performance économique de l'action publique pour maintenir les privilèges de la classe publique. Ils comprennent les comportements de 4,6 millions d'agents publics consciencieux défendant par la grève des acquis sociaux mais n'admettent pas la démission des 930000 cadres de l'état devant la dégradation continue des services publics.

Les salariés savent que la réforme des régimes spéciaux de retraite vise à mutualiser les déficits publics et les excédents privés pour financer un régime universel de retraite par des cotisations patronales et salariales privées supplémentaires qui grèveront le cout du travail et réduiront la compétitivité nationale. Avant de financer les surcouts d'un tel régime, ils exigeront un alignement républicain des droits à retraite des fonctionnaires et des salariés et une amélioration drastique des performances économiques de la SNCF et de la RATP pour combler les déficits publics et apurer les cotisations sociales patronales et salariales en retard sans augmenter l'endettement public.

Les salariés n'admettent pas les coupures sauvages d'alimentation électrique de 2 heures revendiquées par la CGT Energie ayant pris en otage et mis en danger des habitants dans leur domicile à Lyon, Rungis et Orly. 130000 abonnés attendent de la justice et du parquet anti terroriste la condamnation des agressions perpétrées par des "responsables syndicaux activistes" et des complices, cadres et agents de maitrise d'EDF ayant interrompu brutalement le service public. Ils attendent du "chef d'état patron du service public" une condamnation nationale des exactions syndicales. Ils attendent du PDG d'EDF des excuses et des réparations financières. Ils exigent une information nationale sur les sanctions professionnelles dissuasives infligées à Lyon et à Paris pour les ruptures de continuité du service public et les dégradations d'image de l'entreprise nationale, cadres démis pour rupture du contrat de travail, agents de maitrise déclassés pour faute grave,………………

Les cadres ont approuvé les décisions du chef de l'état, ayant supprimé l'ENA et renoncé à la retraite spéciale garantie aux anciens présidents de la république en économisant une augmentation de masse salariale de l'état et d'endettement public de 75000 euros par an après 2022. Ils approuveront aussi un éventuel emploi du produit de privatisation d'ADP pour combler le déficit des régimes de retraite des entreprises publiques SNCF et RATP sans augmenter l'endettement public.

Tous les cadres de France savent que les présidents de collectivité territoriale et communauté de communes de plus de 5000 habitants devront privatiser les services publics les moins productifs pour réduire une masse salariale de l'état de plus en plus destructrice de valeur pour la collectivité nationale.

CHAPITRE II
Interpellation des élus de la nation et des candidats à un mandat électoral

Les électeurs doivent interpeler les candidats au mandat présidentiel ou parlementaire sur le programme économique proposé pour redresser les comptes publics et financer les politiques sociales et sur la volonté politique à déclarer la guerre au terrorisme pour assurer une protection civile renforcée contre le risque d'attentat sur le territoire national.

Pour améliorer la compétitivité des entreprises et renforcer le modèle social, les salariés soutiennent les préconisations managériales transmises au grand débat national et attendent des pouvoirs publics un retour à l'égalité républicaine des devoirs professionnels des acteurs économiques dans le secteur marchand et les services publics. Ils attendent des hauts fonctionnaires et des cadres de l'état des progrès de gestion dans l'administration, les établissements publics et les services territoriaux pour réduire une masse salariale des fonctions publiques d'état, hospitalière, territoriale, en croissance continue depuis le passage à l'euro, évaluée par la cour des comptes à 278 milliards d'euros en 2014. Les salariés devront convaincre le futur président d'une république surendettée de la responsabilité nationale des pouvoirs publics à réduire les excès de dépense publique pour baisser les prélèvements obligatoires asphyxiant le développement des entreprises dans le secteur marchand.

Les parents devront rappeler aux candidats à un mandat électoral, municipal, territorial ou national les exigences populaires de protection civile contre le risque d'attentat terroriste.

Attente des chefs de famille

Déclarer la guerre à l'activisme terroriste et protéger la population civile contre le risque permanent d'attentat

Exigence des citoyens

Être informé sur les excès de dépenses publiques et sociales des Français depuis le passage à l'euro

1er devoir économique de l'élu

Information de l'acteur économique sur les efforts professionnels et sacrifices sociaux à consentir pour réduire les excès de dépenses publiques et sociales

2ème devoir économique de l'élu

Information du jeune à sa majorité sur les luttes républicaines à mener contre le chômage de masse et l'activisme terroriste

3ème devoir économique de l'élu

Information du citoyen sur les fautes publiques de gestion à corriger pour réduire l'excès d'endettement public

4ème devoir économique de l'élu

Information des fonctionnaires sur les services publics à restructurer pour réduire les excès de masse salariale de l'état et d'endettement public

Attente des chefs de famille
Déclarer la guerre à l'activisme terroriste et protéger la population civile contre le risque permanent d'attentat (3)

300 officiers généraux, responsables d'armée, de corps d'armée, de division et de brigade, doivent rendre compte aux parents du refus gouvernemental de combattre le terrorisme pour réduire le risque terroriste en France. Après les attentats de 2015, ils ne se sont pas opposés à l'imposture nationale de présidents de la république et de majorités politiques successives prétendant opposer la police et la justice aux auteurs de crimes contre l'humanité commis sur le territoire national en interdisant à l'armée de combattre le terroriste et ses complices en France comme ils le font tous les jours en Afrique.

Aucun chef de famille, femme ou homme, n'a oublié les attentats menés par une dizaine de terroristes explosés et quelques dizaines de suspects mis en examen par le parquet antiterroriste après avoir massacré plusieurs centaines de civils et blessé plusieurs centaines d'hommes, de femmes et d'enfants qui souffriront toute leur vie des séquelles de blessure d'une guérilla urbaine.

Les parents n'admettent pas les comportements internationalistes et pacifistes de représentants de la nation, plus soucieux des droits de dizaines de combattants de l'ombre que de la protection de centaines d'hommes, de femmes, d'enfant ou de personnes âgées soumises au risque permanent de nouveaux attentats.

30 millions de parents, femme ou homme, dénoncent :

- Le refus gouvernemental de dire la vérité au citoyen sur les risques encourus par les familles dans une guérilla urbaine menée par dix mille activistes signalés et des complices potentiels infiltrés (quatre en moyenne pour chaque terroriste passé à l'acte).
- La prétention de dirigeants de l'état à protéger la population en chargeant l'armée de la surveillance des bâtiments exposés, le parquet anti terroriste, la gendarmerie et la police de la prévention du flagrant délit et la justice de la poursuite des complices d'acte de grand banditisme.
- Le refus national d'appliquer les lois de la guerre aux terroristes arrêtés avant les sanctions pénales d'une justice qui ne condamne que l'acte de grand banditisme et l'interdiction faite à l'armée d'interroger les terroristes arrêtés pour les faire parler, identifier les complices et démanteler les réseaux de soutien.
- Le refus militaire de faire la guerre à des combattants sans uniforme menant une guérilla terroriste contre des civils.

Pour vivre dans un état européen qui protège sa population, les parents attendent du chef des armées qu'il renforce la protection des femmes, des enfants et des vieillards contre le risque permanent d'attentat et du chef de l'état qu'il décide d'expulser définitivement de France à l'issue de sa peine tout condamné par la justice pour participation active ou passive à la guérilla terroriste sur le territoire national.

Exigence des citoyens
Être informé sur les excès de dépenses publiques et sociales des Français depuis le passage à l'euro (2)

Depuis le passage à l'euro, les dirigeants de l'état, les élus de la nation, les chefs de service public et les professeurs des grandes écoles de la république, ENA, Science Po., ne se préoccupent plus de l'équilibre des comptes publics et de l'intérêt national. Les dépenses de l'état et des collectivités territoriales et les endettements publics et territoriaux ont crû chaque année malgré les engagements électoraux de réduction des déficits publics.

En 2017, l'excès annuel de dépenses publiques et sociales de la nation, non finançable par les prélèvements sociaux sur le travail et fiscaux sur la richesse créée, était de l'ordre de 210 milliards d'euros répartis en 3 postes :

- 70 milliards d'actions publiques affectant la croissance économique décidées par un millier de ministres et de parlementaires.
- 70 milliards de dépenses de la classe publique décidées par 2000 hauts fonctionnaires au profit de 5,5 millions d'élus de la nation, de fonctionnaires et d'agents des collectivités territoriales soit 12730 euros par agent de l'état.
- 70 milliards de dépenses sociales non finançables par la collectivité décidées par les partenaires sociaux au profit de 21,5 millions de salariés, chômeurs et demandeurs d'emploi, soit 3250 euro par acteur économique.

Chargée depuis 2008 de l'évaluation des politiques publiques, la cour des comptes n'a pas informé les Français sur les excès de dépenses des pouvoirs publics et les méfaits sociaux des pratiques irresponsables de surendettement public et régression économique. Elle n'a pas alerté le nouveau président d'une république surendettée, les parlementaires et les fonctionnaires sur la croissance continue de l'endettement public au seul profit de la classe publique et détriment de la collectivité nationale.

Pour stopper la croissance de l'endettement public durant le quinquennat 2017/2022, les managers du secteur marchand souhaitaient que l'excès de dépenses par agent public soit ramené au niveau de l'excès de dépenses par agent privé en réduisant de 50 milliards la masse salariale de l'état par des progrès de productivité publique et un alignement républicain des droits sociaux des fonctionnaires et des salariés.

Après l'action des gilets jaunes, les dépenses sociales de la collectivité ont été augmentées de 10 milliards/an en 2019 et après la réforme des régimes publics de retraite celles des fonctionnaires auront été relevées de plus de 15 milliards/an sans que des économies publiques n'aient été décidées pour ne pas augmenter l'endettement public continu de 25 milliards/an.

1er devoir économique de l'élu

Information de l'acteur économique sur les efforts professionnels et sacrifices sociaux à consentir pour réduire les excès de dépenses publiques et sociales (3)

Depuis l'adoption de l'euro, les dirigeants de l'état ont accru l'endettement public pour financer les politiques sociales sans contrepartie de croissance de la production intérieure brute ou d'amélioration de la balance commerciale. Les politiques de création d'emploi public par réduction de la durée du travail ont trompé les citoyens et provoqué une régression économique. Les sureffectifs publics ont augmenté l'excès de masse salariale de l'état et dégradé la performance économique collective des fonctionnaires.

Les cadres savent que tout progrès social dans l'entreprise sans progrès économique préalable comporte un risque ultérieur de dégradation du résultat et la nécessité d'améliorer la productivité pour corriger l'augmentation des couts du travail. Depuis la première crise de l'énergie en 1974, les entreprises industrielles sont confrontées à un ciseau permanent d'évolution défavorable des couts de production et des prix de vente amenant les patrons à réduire chaque année les dépenses de fonctionnement en budgétant un excédent de 2% pour maintenir la compétitivité de l'entreprise quels que soient les aléas de la conjoncture commerciale. A l'inverse des patrons, les pouvoirs publics programment un déficit budgétaire systématique à hauteur de l'inflation et corrigeaient l'excès de dépenses publiques par la Banque de France en jouant sur la parité du Franc.

L'exigence accrue de performance économique au passage à l'euro a été déniée par des dirigeants de l'état qui ont augmenté les dépenses publiques et sociales financées par l'endettement public et dégradé la compétitivité nationale.

Depuis la crise de 2008, tous les salariés savent que la pérennité ou le développement de leur entreprise implique de nouveaux efforts professionnels et des sacrifices sociaux. Avec le patron et l'encadrement, ils sont engagés dans une démarche collective de progrès continu. Les cadres doivent réaliser chaque année des projets de progrès industriel ou commercial augmentant la production, les ventes et le résultat en période faste et réduisant la production et les dépenses de fonctionnement en période de crise. Les collaborateurs sont incités par les cadres à réaliser des projets participatifs de progrès dans les ateliers et les bureaux. Les ministres, les parlementaires et les cadres de l'état ont fermé les yeux sur les effets de la crise économique et les efforts professionnels et sacrifices sociaux qui auraient dû être imposés aux fonctionnaires et aux agents de l'état après 2008.

Avant d'engager la réforme des régimes spéciaux de retraite, le chef de l'état aurait dû informer les fonctionnaires sur les méfaits sociaux des politiques nationales ayant augmenté la masse salariale de la fonction publique destructrice de valeur pour la nation et contribué pour moitié à un endettement public porté à 100 milliards/an avec une dette publique augmentée à 2400 milliards et proche de 100% du PIB en 2020.

2ème devoir économique de l'élu
Information du jeune à sa majorité sur les luttes républicaines à mener contre le chômage de masse et l'activisme terroriste (3)

Le président de république surendettée doit rendre compte aux citoyens de la dégradation continue de la performance économique de l'action publique et d'une dette publique augmentant de 100 milliards par an.
Le ministre de l'action et des comptes publics, les hauts fonctionnaires et les chefs de service dans l'administration et les services publics ou territoriaux doivent rendre compte à leurs administrés des sureffectifs et de la dégradation de performance économique de la fonction publique.

Les parents veulent qu'à leur majorité leurs enfants soient informés sur les efforts individuels de l'adulte pour intégrer le monde du travail et les luttes collectives à mener dans la société civile contre le chômage de masse et dans chaque collectivité territoriale contre les risques de l'activisme terroriste.

Au grand débat national, la proposition d'une information civique élémentaire des jeunes adultes a été transmise au Président de la République pour validation par les représentants de la nation et les hauts fonctionnaires puis communication aux cadres et aux agents de l'état dans les établissements et les entreprises publiques avant d'instaurer une semaine obligatoire d'éducation civique des jeunes Français à organiser par les préfets dans les régions et les départements.

Proposition d'éducation civique des jeunes adultes

Jour 1: Responsabilité militaire de protection civile contre les risques de l'activisme terroriste
Jour 2 : Excès de dépenses publiques et sociales des Français depuis le passage à l'euro
Jour 3: Devoir économique et droits sociaux du salarié
Jour 4: Efforts professionnels et sacrifices sociaux des adultes pour réduire les dépenses de la collectivité
Jour 5: Egalité des devoirs économiques et droits sociaux du fonctionnaire et du salarié

De retour en famille, le nouvel adulte et futur électeur informera ses parents sur les problèmes majeurs de la collectivité nationale dans un pays surendetté par sa fonction publique et une population civile mal protégée par son armée et sa justice contre les risques permanents d'attentat terroriste sur le territoire national.

3ème devoir économique de l'élu
Information du citoyen sur les fautes publiques de gestion à corriger pour réduire l'excès d'endettement public (4)

Au 21ème siècle, 4 présidents de la république, 7 premiers ministres et 11 ministres de l'économie ont laissé se dégrader le service public et augmenter le cout de la fonction publique pour la nation en prétendant défendre le statut du fonctionnaire et l'excellence du service public tout en accroissant l'inégalité des devoirs économiques et droits sociaux entre les agents de l'état et les salariés.

Depuis la crise de 2008, 3 millions de patrons font face à une dégradation de compétitivité des entreprises. 170000 patrons doivent négocier avec les organisations syndicales des accords plus favorables à la survie ou au développement de l'entreprise en faisant réduire les dépenses de fonctionnement par les cadres. Dans les grandes entreprises et les ETI, la valeur ajoutée potentielle des projets stratégiques, industriels, commerciaux à réaliser par les cadres est de l'ordre de 5 milliards/an et celle des projets participatifs des salariés de l'ordre de 50 millions/an. Avec les économies potentielles de gestion des organismes de formation de 5 milliards par an, les gisements de progrès continu des grandes entreprises sont de l'ordre de 10 milliards par an.

La cour des comptes n'a pas évalué les progrès potentiels de gestion des établissements publics ni informé les fonctionnaires sur les efforts professionnels requis des acteurs économiques pour réduire l'endettement public.

Les gisements de progrès de l'état portent sur l'amélioration de productivité publique, l'alignement des droits sociaux des fonctionnaires sur ceux des salariés et la réduction des rémunérations exorbitantes des cadres.

Dans la fonction publique d'état, 200000 emplois pourront être réduits en dix ans par non remplacement des départs en retraite. Dans la fonction publique territoriale, 600000 emplois et une masse salariale de l'état de 30 milliards pourraient être supprimés par une privatisation partielle des services techniques et logistiques et la passation de marché de travaux publics à des PME/TPE plus performantes dans la distribution à moindre cout des prestations essentielles aux administrés. Après la sanctuarisation des droits à retraite d'une génération de fonctionnaires, un futur alignement des droits des agents de l'état sur ceux des salariés reportera à très long terme une réduction de dépense publique de 35 milliards/an.

Le président de la république a symboliquement condamné la destruction publique de valeur poursuivie depuis vingt ans en supprimant l'ENA et l'enseignement supérieur périmé après passage à l'euro des futures "élites publiques". Il a renoncé à la retraite spéciale des anciens présidents de la république et économisé à l'état une dépense future et un endettement public de 75000 euros par an après 2022.

La représentation nationale doit reconnaître les fautes publiques de gestion des affaires nationales commises depuis le passage à l'euro et sanctionner la perte d'efficacité publique par une baisse symbolique des rémunérations des dirigeants de l'état, des parlementaires et de l'encadrement public en réduisant la masse salariale de la fonction publique et l'endettement public annuel correspondant.

4ème devoir économique de l'élu
Information des fonctionnaires sur la restructuration des services publics pour réduire la masse salariale de l'état et l'endettement public (5)

20 millions de salariés savent que le développement de leur entreprise implique de nouveaux efforts professionnels et sacrifices sociaux et ils n'admettent pas que 5,5 millions d'agents de l'état soient exonérés des mêmes efforts professionnels dans la fonction publique. Les managers jugent illégales les rémunérations publiques financées par l'endettement public dans une république surendettée. Ils attendent du ministre de l'action et des comptes publics une réparation des dommages causés aux entreprises et au financement du modèle social par les politiques publiques depuis le passage à l'euro et des cadres de l'état une réduction des sureffectifs publics et de la masse salariale de la fonction publique destructrice de valeur pour la nation.

Les patrons et les salariés de PME attendent des présidents de collectivité territoriale une réparation des fautes de gestion ayant conduit à la création de 4 emplois territoriaux au lieu de faire travailler 3 salariés de PME/TPE pour distribuer les mêmes services techniques ou logistiques à moindre cout pour la nation. Après le grand débat national, le chef de l'état aurait dû demander à la Cour des comptes d'évaluer la part des rémunérations financée par l'endettement public dans les services et entreprises publiques SNCF et RATP, jugée illégale dans une république surendettée.

Une majorité politique responsable proposera-t-elle aux électeurs un plan crédible 2022/2027 de redressement républicain des comptes publics déduit de celui présenté par les managers du secteur marchand au grand débat national (6) pour restaurer la performance économique de la fonction publique et baisser la charge des salaires et retraites publiques afin de réduire le poids des prélèvements obligatoires dégradant la compétitivité des entreprises et affectant le développement de l'économie nationale :

➢ Les pouvoirs publics instaureront-ils une semaine d'éducation civique obligatoire des jeunes à leur majorité pour informer les parents et les citoyens sur les deux problèmes majeurs des Français à résoudre par les adultes ?

➢ 930000 cadres de l'état consentiront-ils à une baisse symbolique de rémunération de 10%, soit 8 milliards, et renonceront-ils à toute future augmentation collective sans réduction de la dette publique ?

➢ 80000 présidents d'institution publique, sénat, région, département, collectivité territoriale, ou responsables de service public consentiront-ils à réduire la masse salariale de la fonction publique territoriale de 30 milliards et privatiser des services techniques ou logistiques peu productifs en affectant 24 milliards/an à des marchés publics de travaux et convertissant 600000 emplois publics en emplois de PME/TPE plus performantes dans la distribution des prestations essentielles pour les administrés ?

CHAPITRE III
Réquisition de l'encadrement public dans la guerre nationale à mener contre la récession économique

Les managers des grandes entreprises du secteur marchand connaissent l'ampleur des détournements d'emprunt public décidés au seul profit des fonctionnaires depuis le passage à l'euro et les méfaits de l'endettement public sur la croissance économique et le financement du modèle social.

Devant l'inaction des partenaires sociaux, ils devront engager des actions collectives en justice contre les hauts fonctionnaires refusant de réduire la dépense publique destructrice de valeur pour la nation :

• Financement par l'emprunt public de rémunérations publiques exorbitantes pour la nation.
• Exemption du fonctionnaire des devoirs nationaux à générer du progrès continu dans le service public et financer sa retraite par répartition avec des cotisations sociales actualisées en fonction des évolutions du rapport Actifs/Retraités.
• Déficit des régimes spéciaux des entreprises publiques SNCF, RATP, … à combler par l'état patron et l'emprunt public.

Les dirigeants de l'état et les managers de la fonction publique et des collectivités territoriales devront améliorer la contribution publique à la compétitivité nationale et réduire les excès d'endettements public et territoriaux.

Les citoyens devront interpeler les candidats au mandat municipal en 2020, territorial ou sénatorial en 2021, présidentiel ou parlementaire en 2022 et conditionner leur vote à un engagement national à réduire la charge des salaires et retraites publiques et le poids des prélèvements obligatoires pour développer l'économie marchande afin de financer les politiques sociales exigées par les salariés, les chômeurs, les demandeurs d'emploi et réduire l'endettement public. La mobilisation électorale des acteurs économiques du secteur marchand devra convaincre les futurs représentants de la nation de voter des lois réduisant équitablement les excès de dépenses des Français pour rétablir l'efficacité des services publics et la compétitivité des entreprises afin de réduire la fracture sociale creusée entre la majorité laborieuse et la classe publique.

L'ancien responsable d'université d'entreprise récusera les candidats au mandat présidentiel ou parlementaire soutenant des utopies politiciennes du siècle passé. Il exigera du candidat un engagement national à remettre les agents de l'état au service des Français dans l'administration, les services publics, les collectivités territoriales et mobiliser les cadres sur le devoir national à assurer la continuité du service public et rétablir l'excellence des prestations aux administrés et usagers. Il a demandé aux conseillers référendaires à la cour des comptes de vérifier la légalité des rémunérations publiques financées par un surendettement public de plus en plus destructeur de valeur pour la nation.

La représentation nationale doit déclarer le progrès continu d'intérêt national et d'obligation publique pour développer l'économie et financer les politiques sociales.

Le chef de l'état doit transformer l'ENA en université d'entreprise du service public et les professeurs en sciences économiques doivent enseigner les pratiques du progrès continu à déployer au gouvernement et dans les services publics pour relancer l'économie nationale et réduire l'endettement public (7).

L'université doit assurer la formation continue de tous les cadres rémunérés par l'état :

> ➢ Relever l'expertise économique des élus avant de siéger au parlement et éduquer les cadres à la conduite des affaires d'une république à désendetter.
> ➢ Mettre à niveau l'expertise économique du DRH de l'état devant évaluer le plan d'actions républicaines pour équilibrer les comptes publics et améliorer la compétitivité nationale.
> ➢ Former au management de projets créateurs de valeur pour la nation les nouveaux cadres, nommés ou embauchés, et les futurs responsables publics, chef de service, chef de département, directeur d'établissement, haut fonctionnaire.

Les chefs de service formés à l'université doivent informer les fonctionnaires sur les efforts professionnels et sacrifices sociaux requis pour restaurer la contribution économique de la fonction publique à la compétitivité nationale et financer les retraites publiques avec des cotisations sociales conformes au modèle national.

L'ancien ingénieur ayant débuté dans le secteur public puis travaillé dans le secteur marchand rédige un essai sur les compétences managériales des cadres pour unir les salariés et les agents de l'état dans les mêmes efforts collectifs afin de sortir la nation de la récession économique provoquée par l'épidémie de coronavirus (8).

Réquisitionner cinq millions de cadres contre la récession économique

L'université d'entreprise du service public doit apprendre aux cadres rémunérés par l'état à manager la création de valeur pour la nation comme le font les cadres du secteur marchand pour l'entreprise.

3000 dirigeants de l'état, représentants de la nation et hauts fonctionnaires et 40000 cadres dirigeants des 300 plus grandes entreprises doivent réduire équitablement les excès d'endettement public et de dépenses publiques et sociales de la collectivité avec les pratiques managériales du secteur marchand.

930000 chefs de service public formés aux pratiques du progrès continu doivent réduire progressivement la masse salariale de l'état destructrice de valeur pour la nation et l'endettement public correspondant.

A la rentrée 2020, l'ancien cadre contractuel de collectivité publique proposera aux Editions du CNRS une publication à petit prix destinée aux cadres de la fonction publique conscients de leur devoir national à convaincre les fonctionnaires d'accepter les efforts professionnels consentis par les salariés après la crise de 2008 et les efforts supplémentaires qui s'imposeront à tous les acteurs économiques après une crise 2020 plus importante que la précédente.

Références bibliographiques

(1)- De Gaulle, mon père, Entretiens avec Michel Tauriac
Plon Paris 2003 et 2004

(2)- Collection "Pratiques managériales républicaines"
Tome I - À l'action, cadres dirigeants de la république !
36 p de Jean Pierre Motte N° BoD:1337086
ISBN: 978-2-3221373-1-2 Juin 2018

(3)- Collection "Pratiques managériales républicaines"
Tome II - À l'action, parents !
92 p de Jean Pierre Motte N° BoD:1356657
ISBN: 978-2-322-16307-6 Octobre 2018

(4)- Collection "Pratiques managériales républicaines"
Tome III - À l'action, cadres !
80 p de Jean Pierre Motte N° BoD:1364661
ISBN: 978-2-322-16580-3 Novembre 2018

(5)- Collection "Pratiques managériales républicaines"
Tome IV - À l'action, cadres de l'état !
44 p de Jean Pierre Motte N° BoD:1377136
ISBN: 978-2-322-12688-0 Janvier 2019

(6)- À l'action républicaine, citoyens !
40 p de Jean Pierre Motte N° BoD:1391113
ISBN: 978-2-322-09189-8 Mars 2019

(7)- À l'action républicaine, fonctionnaires !
52 p de Jean Pierre Motte N° BoD:1428985
ISBN: 978-2-322-18643-3 Octobre 2019

(8)- Compétences nationales pour sortir de la crise
72 p de Jean Pierre Motte   À publier Octobre 2020